b Das Bilderbuch »Die Geschichte vom Löwen, der nicht schreiben konnte«

INHALTSANGABE

b.1

Im Mittelpunkt von Martin Baltscheits Bilderbuch »Die Geschichte vom Löwen, der nicht schreiben konnte« (erstmals erschienen 2002) steht der König der Tiere und die Probleme, die das Verliebt-Sein mit sich bringen kann.

Eigentlich ist der Löwe ganz zufrieden mit sich. Er kann laut brüllen und die Zähne fletschen. Er kann zwar nicht schreiben, aber das ist ja auch nicht weiter schlimm. Bis er eines Tages eine schöne Löwen-Dame trifft, die gerne liest. Hals über Kopf verliebt er sich und will sich schon auf sie stürzen, um sie zu küssen, als ihm bewusst wird, dass sie eine Dame ist – »Und Damen schreibt man Briefe« (S. 4).

Der Löwe wendet sich nun an die anderen Tiere und bittet zuerst den Affen, ihm einen Brief für die Löwin zu schreiben. Der Affe bietet der Löwin an, auf Bäume zu klettern und Bananen zu essen. Natürlich ist dies nicht der Inhalt eines Liebesbriefes, wie ihn der Löwe erwartet hatte. Erbost wendet sich der Löwe ab und geht zum Nilpferd, um es um Hilfe zu bitten. Doch auch hier wird er enttäuscht. So schreiben noch der Mistkäfer, die Giraffe, das Krokodil und der Geier einen Brief im Auftrag des Löwen. Doch niemand kann sich in ihn einfühlen. Der Löwe wird dabei immer wütender.

Schließlich ist der König der Tiere so wütend, dass er sich seinen Frust aus dem Leib brüllt. Er schreit, was er der Löwin alles schreiben würde, wenn er nur könnte. Die Löwin, die ihn zufällig gehört hat, fragt, warum er es denn nicht selbst geschrieben habe. Er gesteht ihr seine Unfähigkeit zu schreiben ein. Sie nimmt ihn bei der Hand. Das Happy End ist auf der letzten Doppelseite angedeutet: Der Löwe und die Dame seines Herzens liegen Seite an Seite auf der Wiese, und sie bringt ihm das Alphabet bei. Das beginnt natürlich mit »A wie Anfang«.

Ergänzt wird die wundervolle Geschichte von Martin Baltscheit durch ausdrucksstarke Acrylbilder. Auch die Umschlagseiten laden zum Verweilen und Entdecken ein. Auf zahlreichen Briefmarken werden zum Teil Motive der Geschichte aufgegriffen und weitergeführt.

b.2

Bilderbuchanalyse

Der Text

Die märchenhafte Geschichte vom Löwen, der nicht schreiben kann, beginnt mit einer kurzen Einleitung, in der der Löwe vorgestellt wird (S. 2). Er ist Analphabet, aber das stört ihn nicht sehr, denn in seinem Alltag muss er weder lesen noch schreiben können. Und über die wichtigen Eigenschaften eines Löwen – brüllen können und Zähne zeigen – verfügt er. Nach dieser Exposition beginnt die eigentliche Geschichte. Der Löwe trifft eine Löwendame und verliebt sich in sie. Da er von einem Missionar gelernt hatte, dass man Damen umwerben und ihnen Briefe schreiben muss, wird seine Unfähigkeit zu schreiben zum Problem. Nun wird die Geschichte linear erzählt: Nacheinander sucht der Löwe verschiedene Tiere auf, die ihm einen Brief für die Löwin schreiben sollen.

Als König der Tiere muss der Löwe dabei nicht höflich sein. »Schreib du mir einen Brief für die Löwin!«, befiehlt er zuerst dem Affen (S. 6). Danach »musste« (S. 6) der Affe den Brief vorlesen. Auch das Nilpferd hilft dem Löwen nicht aus freien Stücken – »Dort musste das Nilpferd einen neuen Brief schreiben« (S. 8).

Über einen Zeitraum von sechs Tagen erstreckt sich die Suche des Löwen nach der richtigen Liebeserklärung. Die Tiere haben in der Regel über Nacht Zeit, einen Brief zu verfassen. Am folgenden Morgen will der Löwe den jeweiligen Brief zur Post bringen, lässt ihn sich zuvor aber vorlesen. Enttäuscht über den Inhalt zerreißt der Löwe die Briefe und schreit: »Aber neiiiin! So etwas hätte ich doch nie geschrieben!« (S. 8). Dann sucht er sich einen neuen Schreiber.

Das Prinzip der Wiederholung erstreckt sich nicht nur auf die Struktur der Tage, sondern auch auf den Inhalt der Briefe. Sie beginnen jeweils mit »Liebste Freundin«. Dann folgt eine Einladung zu einer gemeinsamen Aktivität (auf Bäume klettern, S. 6; im Fluss schwimmen, S. 8; auf der Erde kriechen, S. 14; über den Dschungel fliegen, S. 20) und eine Einladung zum Essen, die mit »Total lecker!« bestätigt wird. Natürlich gehen die Schreiber auch bei der Wahl der Gerichte von ihren eigenen Vorlieben aus. So bietet der Affe Bananen an (S. 6), das Nilpferd Algen (S. 10), der Mistkäfer Dung (S. 14), das Krokodil Giraffenfleisch (S. 18) und der Geier Aas (S. 20). Die Schlussformel lautet immer »Gruß Löwe.«

Die immer größer werdende Verzweiflung des Löwen über die Briefe wird auch am Schriftbild sichtbar. Sein Protestsatz »Aber neiiiin! So etwas hätte ich doch nie geschrieben!« ist in größeren Typen und in der Signalfarbe rot gedruckt. Mit wachsender Wut wird die Schrift größer (S. 16, S. 23).

Einzig der Geier scheint einen Brief nach Geschmack des Löwen geschrieben zu haben. Er beginnt: »Liebste Freundin, ich bin der Löwe und ich bin der Boss hier. Ich will dich kennenlernen!« (S. 20) Doch dann ist es mit dem Einfühlungsvermögen des Geiers auch schon zu Ende, und er schlägt einen Flug über den Dschungel und Aas-Fressen vor (ebenda).

Die gebrüllte Liebeserklärung (S. 24) des Löwen, der sich unbeobachtet fühlt, hat dann wesentlich mehr Tiefgang als die Briefe der anderen Tiere. Er offenbart all seine Gefühle für die Löwin: »Brüllte all die wunderbaren Dinge, die er schreiben würde, wenn er könnte.« (S. 25). Da taucht unbemerkt die Löwin mit dem Buch (S. 28) auf und fragt: »Warum haben Sie denn nicht selbst geschrieben?« (S. 26). Kleinlaut muss der Löwe gestehen, dass er über eine der wichtigsten Kulturtechniken nicht verfügt.

Die Geschichte endet am siebten Tag mit den Worten »A wie Anfang«, quasi einer Überschrift für das neue Kapitel, das für Löwe und Löwin beginnt.

Martin Baltscheit verwendet vorwiegend kurze parataktische Sätze, die häufig mit »Und« verbunden werden. Die Sprache konzentriert sich auf das Wesentliche, die Wiederholung ähnlicher Sätze im Laufe der Handlung macht den Text einprägsam und leicht verständlich. Die Dialoge der Tiere sind kurz. Häufig verwendet Baltscheit umgangssprachliche Wendungen (z. B. »Total lecker«, S. 6; »gab sich mächtig Mühe«, S. 12; »superwütend«, S. 16).

Einige ironische Details sind in Nebensätzen versteckt, z. B. S. 4: »Das hatte er von einem Missionar gelernt, den er gefressen hatte«.

Die Bilder

Martin Baltscheits Illustrationen bestechen durch ihre farbliche Kraft. Sie sind überwiegend in den Farben der Savanne gehalten: Braun- und Grüntöne überwiegen. Auf manchen Seiten bekommt der Himmel eine zarte aquarellartige Färbung (S. 15, 19,

21, 28/29, 30/31). Das Briefpapier der Tiere variiert in den Farben (blau, rosa, grün).

Der Löwe wird auf der ersten Doppelseite (S. 2/3) gleich zweifach porträtiert. Zum einen als König der Tiere mit Krone, etwas grimmig mit verschränkten Armen, zum anderen mit einem selbstgefälligen Grinsen, das alle Zähne entblößt.

Die Löwin bekommt als modisches Accessoire eine pinkfarbene Sonnenbrille (S. 5).

Die anderen Tiere werden jeweils mit einem Attribut ihres Lebensraums dargestellt: der Affe hängt mit den Füßen in den Ästen eines Baumes (S. 7), das Nilpferd liegt im Wasser (S. 9), der Mistkäfer sitzt auf einem Haufen Dung (S. 13), von der Giraffe ist nur der Hals zu sehen, der die Gipfel der Bäume überragt (S. 15), das Krokodil sitzt im Wasser (S. 17), der Geier auf einem Ast (S. 19).

Parallel zum Inhalt der Briefe der Tiere wird jeweils der Löwe karikiert, wie er die beschriebenen Aktivitäten ausführt. So hängt er auf S. 6 an einem Ast mit einer Banane in der Hand. Auf S. 11 taucht er mit Taucherbrille und Schnorchel im Fluss. Beim Mistkäfer (S. 12) sitzt er mit einer Dungkugel auf dem Kopf, von Fliegen umschwärmt. Auf S. 21 fliegt er ausgestreckt mit Engelsflügeln.

Sehr originell ist die Umschlaggestaltung: Baltscheit hat sie in Form eines Briefumschlags inklusive Briefmarken gestaltet. Absender ist der Autor. Das Postsiegel ist das Bild vom fliegenden Löwen.

Bild-Text-Zusammenhang

Text und Bild erfüllen verschiedene Funktionen innerhalb des Buches. Zum einen ergänzen sie sich gegenseitig: Das Bild bringt den Text auf den Punkt wie z.B. auf S. 2/3 oder auf S. 26/27. Auf S. 18 schlägt er sich mit der Pfote an die Stirn – passend zum Text »Oh nein! So etwas hätte ich doch nie geschrieben!«

Oft gehen die Illustrationen über den Text hinaus und deuten Erinnerungen oder die Fantasie des Löwen an. So ist auf S. 4 der Löwe mit dem Missionar im Maul abgebildet, der im Text keine tragende Rolle spielt. Lediglich in einem Nebensatz wird erwähnt, dass der Löwe von diesem Missionar gelernt hatte, dass man Damen Briefe schreibt, bevor man sie küsst (ebenda). Das Schlussbild (S. 32/33) zeigt ohne viele Worte, dass die Löwin dem Löwen das Schreiben lehrt und die beiden am Anfang einer Liebesbeziehung stehen.

Die Briefe, die die Tiere für den Löwen schreiben, werden durch Bilder vom Löwen in der beschriebenen Situation ergänzt. Auf S. 6 z.B. hängt der Löwe an einer Liane mit einer Banane in der Hand, er taucht mit Schnorchel im Fluss (S. 11) und fliegt durch die Lüfte (S. 21).

An manchen Stellen zeigen die Bilder auch weniger, als der Text beschreibt. Auf S. 5 wird nur der Kopf der schönen lesenden Löwin gezeigt. Von einem Buch ist nichts zu sehen.

An anderen Stellen potenzieren sich Bild und Text und steigern so die Wirkung. Die Emotionen des Löwen werden durch die Bilder viel deutlicher. Die steigende Wut des Löwen wird ausdrucksstark auf S. 16, 22 und 25 dargestellt. Zuerst schreit er, dann wird er rot beim Schreien, und schließlich brüllt er so laut, dass er sogar blau anläuft. Die Mähne steht ihm steil vom Kopf ab. Auf S. 22 sind sogar die Zunge und der Schwanz vor Wut angespannt und gezackt. Unterstrichen wird dies durch die typografische Gestaltung des Textes. Das Gebrüll des Löwen ist mit größerer Schrifttype und in Rot abgedruckt.

Der Text könnte auch für sich allein stehen. Nur mit den Bildern, ohne Text, ist die Geschichte jedoch nicht zu verstehen.

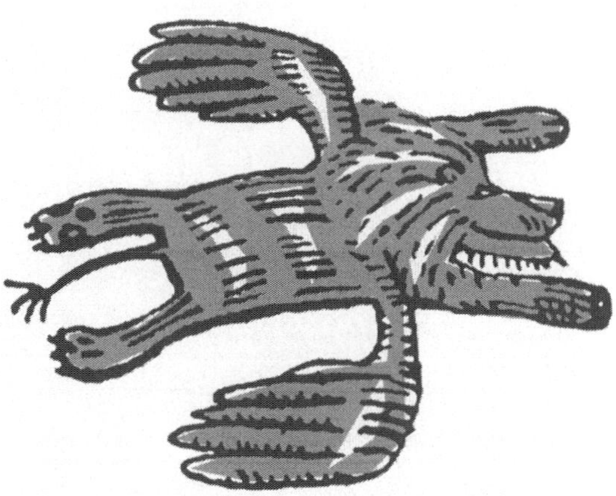

b.3 DEUTUNGSPERSPEKTIVEN

Martin Baltscheits Bilderbuch bietet vielfältige Deutungsperspektiven. Es kann im Kindergarten und der Grundschule, aber auch bei älteren Schüler/innen eingesetzt werden. Denn die Geschichte des Löwen lässt sich auf unterschiedlichen Ebenen lesen und verstehen.

Aus der Perspektive des Erwachsenen (und älterer Schüler/innen) liest sich das Bilderbuch vor allem als Liebesgeschichte. Der Löwe will der Dame seines Herzens näherkommen. Er ist schon so kultiviert, dass er sich nicht, entgegen seinem tierischen Instinkt, sofort auf sie stürzt. Er hat gelernt, dass man seine Triebe unterdrücken muss und zuerst um die Dame werben sollte, um bei ihr Erfolg zu haben. Er entscheidet sich für die Form des Liebesbriefs. Die Ghostwriter gehen dabei ziemlich plump vor. Sie haben weder genug Einfühlungsvermögen, um aus der Perspektive des Löwen zu schreiben, noch genug Fantasie, um einen gefühlvollen Brief zu verfassen. Der Löwe kann sich aber mündlich sehr wohl artikulieren und wird deshalb auch von der Löwin ge- bzw. erhört. Am Ende ergreift sie die Initiative, »stupste den Löwen mit der Nase und nahm ihn mit« (S. 31).

Rollen- und Geschlechter-Stereotype werden in dieser Liebesgeschichte aufgebrochen. Die Löwin ist ruhig und sanft, aber auch dem Löwen überlegen und nimmt letztendlich die Sache in die Hand. Der Löwe, der zuerst eine reine Macho-Maske trägt, zeigt sich wandlungsfähig und ist am Ende in der Lage, seine Schwäche einzugestehen. Er wird stark, indem er Schwäche zeigt.

Die Geschichte lässt sich auch als Plädoyer für eine der wichtigsten Kulturtechniken – das Lesen und Schreiben – verstehen. Das Schreiben ist Ausdruck der Individualität. Im Laufe der Geschichte muss der Löwe erkennen, dass niemand anders seiner Persönlichkeit Ausdruck verleihen kann als er selbst.

Für Kinder vermittelt die Geschichte die Einsicht, dass Lernprozesse wichtig sind. Man muss zuerst sein Defizit erkennen. Zwar kann man versuchen, mithilfe anderer sein Defizit zu umgehen. Doch letztendlich ist die Überwindung des Problems nur durch das eigene Lernen möglich.

Die Hauptfigur, der Löwe, macht eine große Entwicklung innerhalb der Geschichte durch. Zu Beginn wird er selbstzufrieden und herrisch gezeigt (S. 2 ff.). Ungehalten und zornig (S. 8, 10), bisweilen auch resigniert (S. 18) reagiert er auf die Briefe der Tiere, die nicht seinen Vorstellungen entsprechen. Nach einem Wutausbruch, dem Höhepunkt (S. 22–25), der all seine tiefen Gefühle zum Vorschein bringt, wird der Löwe ganz sanft und kleinlaut (S. 28 ff.).

d Didaktische Überlegungen

DIDAKTISCHES PROFIL DES BILDERBUCHS d.1

Das didaktische Potenzial der »Geschichte vom Löwen, der nicht schreiben konnte« liegt in der Verknüpfung von vertrauten, assimilativen und eher neuen, akkomodativen Aspekten.[1] Vertraute Charakteristika des Bilderbuches sorgen dafür, dass die Kinder bzw. Schüler/innen von sich aus einen Zugang zum Buch finden können und dass Anknüpfungsmöglichkeiten für eine eigene Deutung vorhanden sind (Assimilation). Dieser Aspekt betrifft das leseföredernde Potenzial. Neue, zusätzliche Anforderungen, die das Buch an ein Verstehen der Kinder stellt, betreffen eher den Bereich des literarischen bzw. kunsttheoretischen Lernens. Im Überblick lässt sich das didaktische Profil folgendermaßen skizzieren:

1 Vgl. Rank, Bernhard: Leseförderung und literarisches Lernen. In: Lernchancen, 8. Jg. 2005, H. 44, S. 4–9.

Dimension des Textes	Das Vertraute: Möglichkeit zur Assimilation	Das Neue: Notwendigkeit zur Akkomodation
Wirklichkeitsbezug	▶ Fantastische Elemente ▶ Textgattung Tiergeschichte	▶ Irritierende Elemente: Tiere sprechen und schreiben Briefe
Thematik	▶ Gefühle (v. a. Wut, Verliebt-Sein, Scham) ▶ Lesen und Schreiben ▶ Briefe schreiben	▶ Geschlechterrollen ▶ Einzigartigkeit jedes Individuums ▶ Analphabetismus
Figuren	▶ Löwe und Löwin als Identifikationsfigur für Jungen und Mädchen	▶ Entwicklung der Hauptfigur ▶ Dominanz der Löwin-Figur
Sprache/Stil	▶ Einfacher Satzbau ▶ Wiederholungen ▶ Wörtliche Rede	▶ Ironische Andeutungen ▶ Ironische Bildelemente
Bildebene/ Layout	▶ Comicstil der Bilder ▶ Farbliche Gestaltung	▶ Bildsprache: Einstellungsgröße, Perspektive ▶ Mimik und Gestik der Figuren ▶ Typografische Gestaltung
Literarische Formelemente/ Erzählkonzept	▶ Erzählzeit Präteritum ▶ Personales und lineares Erzählen ▶ Episodische Struktur ▶ Positiver Schluss	▶ Briefe im Text ▶ Spannungsbogen

d.2 METHODENKISTE DEUTSCHUNTERRICHT

Der Einsatz von Bilderbüchern im Grundschulunterricht greift im günstigsten Fall die Vorerfahrungen der Kinder mit Bilderbüchern im Kindergarten und in der Familie behutsam auf und führt sie differenziert weiter. Bilderbücher können in nahezu allen Arbeitsbereichen des Grundschulunterrichts eingesetzt werden: Erstlesen, weiterführendes Lesen, Sprechen und Hören, Schreiben, Bildende Kunst, Musik, Sachunterricht. Dabei eignen sie sich gerade zum Einsatz in fächerübergreifenden Kontexten.

Im Folgenden sind Vorschläge für mögliche Arbeitsweisen mit Martin Baltscheits Bilderbuch im Deutschunterricht aufgeführt. Im Vordergrund steht dabei die Verknüpfung mit anzustrebenden Kompetenzen, wie sie in den »Bildungsstandards im Fach Deutsch für den Primarbereich« zu finden sind. Zahlreiche methodische Möglichkeiten sprechen mehrere Bildungsstandards an. Zum Zwecke der Übersichtlichkeit wird jeweils ein Bildungsstandard des Bereichs 3.3 »Lesen – mit Texten und Medien umgehen« exemplarisch herausgegriffen. Häufig lassen sich auch evidente Bezüge zu den Bildungsstandards der anderen Bereiche herstellen. Darüber hinaus stehen die methodischen Möglichkeiten in Verbindung mit einem fächerübergreifenden Ansatz (v.a. mit dem Sach- und dem Kunstunterricht), der sich je nach Klassensituation, Vorwissen und Interessen der Schüler/innen modifizieren lässt.

Bildungsstandards	Methoden	Beispiele
→ Über Lesefähigkeit verfügen		
• Lebendige Vorstellungen beim Lesen und Hören literarischer Texte entwickeln	• Das Buch sinngestaltend vorlesen	• Ganzes Buch, Rollen: Erzähler/in, Löwe, Affe, Nilpferd, Mistkäfer, Giraffe, Geier, Löwin
→ Texte erschließen		
• Verfahren zur ersten Orientierung über einen Text nutzen	• Titelbild und Klappentext untersuchen • Textantizipationen äußern	• Lesen, ansehen, sich äußern
	• Das Bilderbuch überfliegend betrachten bzw. lesen	• Anschließend Gespräch mit der Lerngruppe
	• Einzelne Bilder genau beschreiben	• S. 2/3 • S. 22/23 • S. 32/33 • Bildbeschreibungen zuordnen → **k.6**
	• Den thematischen Hintergrund des Textes klären	• Tiere des Urwaldes und der Savanne • Analphabetismus
	• Gefühls-Adjektive dem Handlungsverlauf zuordnen	• → **k.7**
• Gezielt einzelne Informationen suchen	• Fragen zum Text beantworten	• Was schreiben die Tiere jeweils?
	• Den Textinhalt rekonstruieren	• Einen Lückentext ergänzen → **k.1** • Satzstreifen ordnen → **k.5** • Bildkarten ordnen → **k.3**
	• Die Gedanken und Gefühle der Hauptfigur herausarbeiten	• Ein Stimmungsbarometer des Löwen erstellen
	• Figuren charakterisieren	• Eigenschaften des Löwen → **k.7**
• Texte genau lesen	• Veränderten Text vorlesen oder vorgeben, Vergleich mit dem Original	• Fehlerhafte Sätze vorgeben, Kinder müssen Fehler finden und korrigieren

Bildungsstandards	Methoden	Beispiele
• Texte mit eigenen Worten wiedergeben	• Den Inhalt des Buches mit eigenen Worten wiedergeben	• Mithilfe von Bildern, Moderationskarten, Stichwörtern oder Sätzen
	• Das Buch in Abschnitte gliedern	• Mögliche Gliederung: S. 2–7, S. 8–21, S. 22–25, S. 26–31, S. 32–33
	• Überschriften zu den Abschnitten finden	• Mögliche Überschriften sammeln
• Aussagen mit Textstellen belegen	• Aussagen zu einer Fragestellung suchen und Fundstellen angeben	• An welchen Stellen ändert sich das Schriftbild? • Welche Wirkung hat das?
• Eigene Gedanken zu Texten entwickeln	• Dem Text ohne Bildern begegnen	• Die Geschichte ohne Bilder lesen • Sich eigene Bilder zum Text überlegen
	• Leerstellen des Textes ausfüllen	• Text zu S. 32/33 verfassen
	• Sympathie/Antipathie zu den Figuren thematisieren	• Was magst du an dem Löwen, was nicht? → **k.7**
	• Handlungen, Verhaltensweisen und Verhaltensmotive der Figuren bewerten	• Verhalten sich die Tiere richtig? • Warum gibt der Löwe seine Schwäche nicht zu?
	• Ein thematisches Gespräch zum Buch führen	• Als ich noch nicht schreiben konnte → **k.5** • Als ich einmal wütend/freundlich/mächtig war
	• Einen Brief an eine der Figuren verfassen, um eine Meinung zum Ausdruck zu bringen	• Brief an den Löwen: Leser/in schreibt ihm bzw. die Löwin schreibt ihm • Brief der Schüler/innen an die Löwin
	• Tagebucheintrag einer Figur verfassen	• Die Löwin schreibt am Ende des Tages in ihr Tagebuch • Der Löwe schreibt in sein Tagebuch
• Handelnd mit Texten umgehen, z. B. illustrieren, inszenieren, umgestalten, collagieren	• Eine Textstelle im Rollenspiel darstellen	• Ganzes Buch oder einzelne Abschnitte
	• Ein Bild bzw. eine Szene nachmalen	• Arbeitsteilig: Jede Schülerin und jeder Schüler übernimmt einen Textteil
	• Ein Bild selbst gestalten	• Leerstellen des Textes füllen • Weitere Lese-Unterrichtsstunden des Löwen bei der Löwin malen
	• Weitere Tiere, die dem Löwen helfen, einfügen	• Was tun diese Tiere besonders gern? → **k.4** • Brief formulieren → **k.4** • Gesamten Abschnitt der Begegnung mit dem Löwen schreiben
	• Die Geschichte fortsetzen	• Der Löwe begegnet den Tieren, nachdem er schreiben gelernt hat
	• Standbilder prägnanter Szenen darstellen und erraten lassen	• S. 2 • S. 22 • S. 30/31
	• Ein Gedicht zum Buch verfassen	• Liebesgedicht des Löwen
	• Die Geschichte aus anderer Perspektive erzählen	• Ich-Perspektive des Löwen
	• Das Buch als Overhead-Theater gestalten	• Mithilfe von Folien und Folienstiften
	• Einen Abschnitt bzw. das ganze Buch als Hörspiel umschreiben und aufnehmen	• Mit Hörspielfassung auf der CD vergleichen
	• Ein Alphabet zum Buch erstellen	• Je nach Interessen und Kompetenzen der Schüler/innen näher oder weiter zur Textvorlage → **k.8**
	• Ein Parallel-Buch erstellen	• Aus dem gleichen Text ein neu gestaltetes Bilderbuch mit eigenen Bildern herstellen

Bildungsstandards	Methoden	Beispiele
→ Texte präsentieren		
• Selbst gewählte Texte zum Vorlesen vorbereiten und sinngestaltend vorlesen	• Eine Textstelle auswählen • Auswahl begründen • Gestaltenden Lesevortrag vorbereiten und üben	• Diese Stelle fand ich besonders witzig/traurig/spannend …
	• Die Geschichte als Theaterstück aufführen	• Als Abschluss der Unterrichtseinheit bzw. des Projekts

d.3 TABELLARISCHE INHALTSÜBERSICHT

Bei dem Einsatz des Buches als Klassenlektüre empfiehlt es sich, das Buch zu paginieren. Seite 1 ist dabei das Titelbild mit dem kleinen, fliegenden Löwen. Seite 33 zeigt das Abschlussbild, die beiden Löwen auf der Wiese.

Seite	Tag	Akteure	Handlung
S. 2–6	1	Löwe Löwin Affe	Der Löwe wird vorgestellt. Er ist stark und mächtig, kann aber nicht schreiben. Der Löwe sieht die Löwin und verliebt sich in sie. Er befiehlt dem Affen, einen Brief für ihn zu schreiben.
S. 6–9	2	Löwe Affe Nilpferd	Bevor der Löwe den Brief zur Post bringt, soll der Affe ihn vorlesen. Er entspricht nicht den Vorstellungen des Löwen. Er geht zum Nilpferd und lässt es einen neuen Brief schreiben.
S. 10–13	3	Löwe Nilpferd Mistkäfer	Bevor der Löwe den Brief zur Post bringt, soll das Nilpferd ihn vorlesen. Er entspricht wieder nicht den Vorstellungen des Löwen. Er geht zum Mistkäfer und lässt ihn einen neuen Brief schreiben.
S. 14–16	4	Löwe Giraffe	Als der Löwe den Brief zur Post bringt, riecht die Giraffe das »Käferparfüm«. Sie liest dem Löwen den Brief vor. Wütend zerreißt der Löwe den Brief und lässt die Giraffe einen neuen schreiben.
S. 16–18	5	Löwe Krokodil Geier	Das Krokodil hat inzwischen die Giraffe gefressen und muss einen neuen Brief schreiben. Den liest der Geier vor. Doch auch der gefällt dem Löwen nicht. Deshalb soll der Geier einen neuen schreiben.
S. 18–31	6	Löwe Geier Löwin	Der Geier liest seinen Brief vor. Mit dem Anfang ist der Löwe einverstanden. Doch dann kommt wieder die Perspektive des Geiers durch. Erzürnt brüllt sich der Löwe seinen Kummer aus der Seele – und wird von der Löwin gehört. Der Löwe gesteht ihr seine Unfähigkeit zu schreiben. Sie nimmt ihn mit.
S. 32–33	7	Löwe Löwin	Die Löwin und der Löwe liegen einträchtig zusammen auf einer Wiese. Die Löwin unterrichtet den Löwen.

VORSCHLÄGE FÜR EINE UNTERRICHTSEINHEIT ZUM BILDERBUCH d.4

Erste Begegnung

Zur gemeinsamen Betrachtung des Bilderbuchs mit der ganzen Klasse bietet es sich an, die Bilder an die Wand zu projizieren. Da die Illustrationen mit dicken Linien und nicht sehr kleinteilig gestaltet sind, ist es aber auch möglich, das Buch im Halbkreis bzw. Kinositz zu betrachten. Für die weitere Arbeit mit dem Buch ist es wünschenswert, mehrere Exemplare für die Klasse zur Verfügung zu haben.

Bilder

Zum Einstieg in die Arbeit mit dem Bilderbuch kann das Titelbild oder eine andere Illustration aus dem Buch in die Mitte des Stuhlkreises gelegt werden. Als Einstieg bietet sich das Bild des Löwen von Seite 3 an. Die Kinder beschreiben ihn. Dann wird der Text (S. 2) vorgelesen. Vermutungen werden angestellt, warum erwähnt wird, dass der Löwe nicht schreiben kann – warum sollte er?

Die Schüler:innen äußern sich spontan dazu und antizipieren den möglichen Verlauf der Handlung. Je nach Lesefähigkeit der Schüler:innen kann der gesamte Text anschließend vorgelesen oder das Buch gemeinsam erlesen werden. Hierfür wäre es wünschenswert, mehrere Exemplare für die Schüler:innen zur Verfügung zu haben. Um das Vorlesen dramatischer zu gestalten, können die Briefe der Tiere vorbereitet werden. Sie werden an entsprechender Stelle (evtl. von Kindern) vorgelesen und zerrissen.

Rundum-Vorlesen

Schüleraktiv und ansprechend ist es auch, den Text gemäß der Schüleranzahl in kleine Abschnitte zu zerschneiden und diese fortlaufend zu nummerieren. Nun wird die Geschichte von Anfang bis Ende gemeinsam gelesen und jedes Kind trägt dazu bei.

Hauptfiguren und Gegenstände

Um die Kinder auf die Geschichte einzustimmen, könnte man auch die Hauptfiguren der Geschichte als Kuscheltiere oder als Farbkopien in die Kreismitte legen. Es wäre auch denkbar, Gegenstände wie eine Landkarte, eine Tafel oder ein Motorboot in die Mitte zu legen und die Kinder frei assoziieren zu lassen.

Rezeption des Buchs

Die richtige Reihenfolge finden

Die prägnantesten Bilder werden kopiert und von den Kindern in die richtige Reihenfolge gelegt.

Zur Vertiefung können die Illustrationen des Buchs mithilfe des Arbeitsblattes k.6 genauer betrachtet werden.

Lapbook

Eine attraktive Alternative zum herkömmlichen Lesetagebuch ist die Erstellung eines Lapbooks. Ein Lapbook ist eine kleine oder größere Mappe, die sich mehrfach aufklappen lässt und in die kleine Faltbüchlein (Leporellos, Stufenbücher, Kreisbücher usw.), Taschen, Klappkarten, Pop-ups, Umschläge mit Kärtchen usw. eingeklebt sind und so immer wieder neue Überraschungen bietet. Es ist eine hochmotivierende Präsentationsform für individuelle Lernergebnisse, die anhand von Lernangeboten gesammelt werden.

Die Kopiervorlagen (k.1 bis k.8) bieten eine Auswahl an Aufgaben zur Vertiefung auf verschiedenen Ebenen und Schwierigkeitsstufen. Die Angaben der Klassenstufen auf den Kopiervorlagen dienen als Orientierung. Sie können entweder im Klassenverband gemeinsam bearbeitet oder im Rahmen einer Lerntheke angeboten werden. Die Schüler legen dann selbst die Reihenfolge fest, wie sie die Aufgaben bearbeiten wollen, und tragen in einen Arbeitsplan oder in einen Laufzettel ein, welche Aufgaben sie erledigt haben. Die Kinder können ihre Arbeitsblätter in einer Mappe mit selbstgestaltetem Titelbild sammeln. Mithilfe der Bilder von k.3 lassen sich auch Tier-Dominos und Memo-Spiele herstellen.

Die Unterrichtsstunden im Klassenverband können so gegliedert werden, dass vor jeder freien Arbeitsphase eine Einstimmungsphase vorangestellt wird und nach jeder Arbeitsphase eine Abschlussrunde im Sitzkreis folgt. In der Abschlussrunde können Arbeitsergebnisse präsentiert und Angebote besprochen werden.

Weitere Themen des Bilderbuchs

Verschiedene Themenbereiche können sich dann anschließen:
- Gefühle → **k.7**
- Briefe schreiben → **k.4**
- Schreiben können – ein Schatz → **k.5**
- Den Autor und Illustrator Martin Baltscheit kennenlernen (→ **i.1–i.3**)

Das Buch eignet sich sehr gut für den Einsatz in einem fächerübergreifenden Projekt (Kunst, Musik (i.4) und Sachunterricht).

d.5 IDEEN FÜR DEN ANFANGSUNTERRICHT

Impulse und Pausen setzen

Die Erschließung des Textinhaltes könnte auch zunächst über die Betrachtung der Bilder erfolgen und die Kinder könnten frei assoziieren, was hier wohl für eine Geschichte erzählt wird. Mehr noch als Fragen geben Impulse den Kindern Möglichkeiten zur freien Äußerung, da sie sehr unspezifisch sind und wegen der fehlenden direkten Anrede den Kindern noch mehr Freiraum lassen. Solche Impulse können sein:
- einfache Bemerkungen zum Bild (z. B.: »Dort sitzt der Löwe.«),
- Äußerungen, z. B. »spontane« Gefühlsäußerungen, Ausrufe oder Aufforderungen (z. B.: »Oh je!«, »Guckt mal!«, »Toll!«).

Man könnte auch bewusste Pausen setzen und an bestimmten Stellen gemeinsam überlegen:
- Wie geht es weiter?
- Wie mag sich der Löwe gefühlt haben?
- Warum ärgert sich der Löwe?
- Wie ist es, wenn man nicht schreiben kann?

Und so kann's weitergehen

Nachspielen und Standbilder
Mit ein paar Requisiten (z. B. selbstgebastelten Tiermasken oder Stabpuppen) können die Kinder Teile der Geschichte nachspielen. Besonders eignen sich die Szenen, in denen die Tiere in den Dialog treten. Beim wiederholten Spiel können manche Kinder die Dialoge sicher bald auswendig. Die Kinder können auch Dialoge improvisieren und weiterspinnen. Einfache Standbilder bieten sich ebenfalls an.

Bilddetektive
Eine Aufgabe, die sowohl ein Erinnern an den Inhalt des Gehörten erfordert als auch ein Wiederfinden einzelner Handlungsereignisse auf den verschiedenen Bildseiten notwendig macht, bestünde darin, Quizfragen zum Buch zu Details in den Illustrationen zu stellen, wie zum Beispiel:
- Ist dir aufgefallen, was der Löwe am Anfang der Geschichte auf seinem Kopf trägt?
- Weißt du noch, was auf den Briefmarken zu sehen war?
- Was hat der Löwe im Maul, als er seine Löwendame sieht?

Sprachförderung: Begriffsklärungen
Schwierige Begriffe aus dem Bilderbuch könnten mit den Kindern besprochen werden, wie z. B.:
- »stupsen« – Was bedeutet das? Kann das mal einer vormachen oder beschreiben? Wann stupst man jemanden?
- »Missionar« – Was bedeutet das? Findest du andere Wörter dafür?

Viele Begriffe des Buchs könnten von den Kindern vor allem auch pantomimisch umgesetzt werden. Es würden sich die Verben, die Nomen und die Adjektive im Text eignen.

Phonologische Bewusstheit unterstützen
Durch die sich wiederholenden Textteile der Geschichte werden Kinder schnell befähigt, den Text »mitzusprechen«. Beim Vorlesen könnte man die Endreime auslassen und diese von den Kindern selbst ergänzen lassen. Haben die Kinder damit noch Schwierigkeiten, können Sie auch die erste Silbe des jeweiligen Wortes bzw. den ersten Laut verraten.

Kunst und Basteln
Das Buch bietet zahlreiche Anregungen zur ästhetischen Gestaltung. So könnten die Kinder Wal-, Schnecken- und Tierbilder, aber auch Freundschaftsbilder gestalten, indem sie
- Tiere der Geschichte kneten,
- Wal mit Faltpapier falten,

- Meeresbilder gestalten,
- Schnecken kneten,
- Schneckenhäuser bemalen,
- eine Schnecke aus einem Pappteller basteln,
- Schnecken mit Ohrenstäbchen tupfen,
- Schnecken mit Wolle legen und kleben,
- Schnecken aus Salzteig oder Ton formen,
- Schnecken filzen,
- gemeinsam Handabdrücke auf einem Blatt drucken und diese weiter gestalten,
- gemeinsam Linien auf einem Blatt tanzen lassen und Spuren hinterlassen,
- Porträts ihrer Freunde malen,
- Fotos ihrer Freunde zu einer Collage zusammenkleben,
- eine Collage mit Meerestieren gestalten,
- einen riesigen Buckelwal zeichnen und ihn mit Mustern ausschmücken.

In der »Methodenkiste« finden Sie zahlreiche weitere Aktivitäten rund um das Bilderbuch. Es ist gut möglich, mit den Kindergartenkindern, die noch nicht lesen und schreiben können, die Aufgaben auf den Kopiervorlagen mündlich zu bearbeiten.

Infoblätter

i.1 ZUM AUTOR MARTIN BALTSCHEIT

Martin Baltscheit wurde 1965 in Düsseldorf geboren, wo er auch heute lebt. Er studierte an der Folkwang-Schule in Essen Kommunikationsdesign. Im Anschluss war er tätig als Comiczeichner, Illustrator, Schauspieler, Kinderbuch-, Prosa-, Hörspiel- und Theaterautor. 1996 wurde er für den »Max-und-Moritz-Preis« als bester deutscher Comiczeichner nominiert. Er hat zahlreiche Bilderbücher illustriert und geschrieben sowie Theaterstücke, Hörspiele, Trickfilme und CD-ROMs für Kinder veröffentlicht.

Werke

Bücher

- Valerius, Vom Index bedroht. Carlsen, 1991
- Lotte & Leo. Tilsner, 1994
- Paul trennt sich. Alibaba, 1996
- Der einzige Vogel ... Illustration, Autor: Zoran Drvenkar, Carlsen, 2001
- Hokus Pokus, Sala Bim. Fischer Schatzinsel, 2002
- Gold für den Pinguin. Bajazzo, 2004
- Der kleine Herr Paul. Altberliner, 2004
- Da hast du aber Glück gehabt. Fischer Schatzinsel, 2005
- Die Belagerung. Bajazzo, 2005
- Der Winterzirkus. Fischer Schatzinsel, 2005
- Ich bin für mich. Bajazzo, 2005
- Kurz der Kicker. Altberliner, 2006
- Die Elefantenwahrheit. Kinderbuchverlag Wolff, 2006
- Der kleine Herr Paul im Schnee. Altberliner, 2006
- Major Dux. Boje, 2007
- Was ist eigentlich ein Tulipan? tulipan, 2007
- Zarah – Du hast doch keine Angst, oder? Bloomsbury, 2007
- Hauptsache es wird kein Hund. Bajazzo, 2007
- Felline, Professor Paul und der Chemiebaukasten. tulipan, 2007
- Der Sonnenwecker. Bajazzo, 2008
- Die Geschichte vom Löwen, der nicht schreiben konnte. Beltz & Gelberg, 2008
- Ich und die Kanzlerin. Boje, 2009
- Die Geschichte vom Fuchs, der den Verstand verlor. Bloomsbury, 2010
- Es waren einmal zwei wirklich dumme Gänse in einem brennenden Haus. Tulipan, 2010
- Akkuratus 1–3. Klett Bilderbuch, 2010

Hörspiele und andere Tonträger

- Liedgut alles gut. Musik, Frauenlob 1996
- Kurz der Kicker. Hörspiel, SWR uccello 1998
- Paul trennt sich. Hörspiel, uccello 1998
- Der Löwe, der nicht schreiben konnte. Hörspiel, uccello 1999
- Die Elefantenwahrheit. Hörspiel, uccello 1999
- Herr Z, Herr B und das Fräulein Wunder. Hörbuch, uccello 2000
- Die Pinabriefe. Hörbuch gelesen von Martina Gedeck, RBB 2001
- Die Abenteuer des Herrn Benedict. Hörspielreihe, Terzio 2002–2004
- Hokus Pokus, Sala Bim und die Zauberprüfung. Hörspiel, uccello 2002
- Gold für den Pinguin. Hörspiel, Uccello 2004
- Major Dux. Jazzhörspiel, WDR/Terzio 2006
- Der Winterzirkus. Hörspiel, RBB/DAV 2006
- Vom Mädchen, das nicht schlafen wollte. Hörspiel mit Musik, Cybele, 2007
- Ich und die Kanzlerin. Hörbuch, Hörcompany, 2009

Theater- und Kindertheaterstücke

- Vaterland. ReibekuchenTheater Duisburg 1997
- Krach in Alfabetanien. Kinder- und Jugendtheater Düsseldorf 1999
- Schneewittchen darf nicht sterben. Junges Schauspiel Düsseldorf 2006
- Nur ein Tag. Marabu Bonn 2007
- Major Dux. Neuköllner Oper 2007
- Die Überredung. S. Fischer Theater Frankfurt 2003
- Der Winterzirkus. S. Fischer Theater Frankfurt 2005
- Schneewittchen darf nicht sterben. S. Fischer Theater 2005
- Nur ein Tag. Verlag für Kindertheater 2006
- Neue Heimat. Verlag für Kindertheater 2007
- Die Belagerung. S. Fischer Theater 2007
- Die Geschichte vom Löwen, der nicht schreiben konnte. S. Fischer Theater, 2008
- Die besseren Wälder. Verlag für Kindertheater, 2010

Preise und Auszeichnungen des Autors

1992	Preisträger Ehapa German Comic Open
1996	Nominierung für den Max-und-Moritz-Preis, »Bester deutscher Comiczeichner«
1998	Hörbuch des Monats für »Kurz der Kicker«
1999	Empfehlungsliste Katholischer Kinderbuchpreis für »Lukas haut ab«
2001	Förderpreis für Literatur der Stadt Düsseldorf »Die Zeichner«
2001	Silberner Pädi. Für die CD-ROM »Sonja und die Reise zum Mittelpunkt der Erde«
2001	ADC Medaille für das Theaterplakat »Shockheaded Peter«
2002	Nominierung zum Kinder- & Jugendbuchpreis für »Der einzige Vogel...«
2002	Kinderbuchpreis NRW mit Zoran Drvenkar für »Der einzige Vogel ...«
2002	Kinderbuchpreis Preiselbär Bern für »Der einzige Vogel, der die Kälte nicht fürchtet!«
2003	Kaas&Kappes Niederländisch-Deutscher Kinder- und Jugenddramatikerpreis für »Die Überredung«
2004	Stipendium Kulturamt Düsseldorf für das Hörspiel »Major dux«
2005	Kaas&Kappes Niederländisch-Deutscher Kinder- und Jugenddramatikerpreis für »Der Winterzirkus«
2006	Eule für »Die Belagerung«
2006	Nominierung Gustav Heinemann Friedenspreis für »Ich bin für mich«
2008	Nominierung Deutscher Kinder- und Jugendbuchpreis für »Zarah«
2008	Literaturpreis Stadt Hameln für »Zarah«
2010	Deutscher Jugendtheaterpreis für »Die besseren Wälder«

PRESSESTIMMEN ZUM BUCH

i.2

»Der Löwe kann nicht schreiben. Er ist verliebt in Fräulein Löwe. Er tut, was wir alle täten, er lässt schreiben. Aber der Blödsinn, den die Ghostwriter zusammendichten, das hältst du nicht aus! Der Affe will Bananen mit ihr teilen, das Nilpferd lädt sie zum Tauchen ein, der Liebhaber kriegt Tobsuchtsanfälle. Da nimmt die Löwin ihn mit auf die Wiese, sie liegen im Querformat und üben mal A zum Anfangen.«
Reinhardt Stumm, Tagesanzeiger

»Ausdrucksstarke, farbenfrohe Bilder unterstreichen die Geschichte vom brüllenden Löwen, der doch ganz zahm wurde. Die witzigen Briefmarken vom Vorsatz sollte sich die Deutsche Post als Muster nehmen.«
GS, Verband Evangelische Büchereien in Hessen und Nassau

»Eine Geschichte mit Herz, Humor und herrlichen Bildern.«
Caroline Doka, Coopzeitung

»Diese Bilderbuchgeschichte ist in der Tat von außergewöhnlichem Format, besticht durch hervorragende Vorsatzblätter und eine eindrucksvolle Mischung aus Witz und gestalterischem Können – sowie einer ganz zwangsläufig einleuchtenden Lesemotivation.«
Dipl.-Päd. Waltraud Bauer, Kinder- und Jugendbuchveranstaltungen, Wachtberg

»Ein wunderbar vergnüglicher Leckerbissen mit köstlichen Bildern, dem kein Kind widerstehen kann.«
Jugendliteratur (CH)

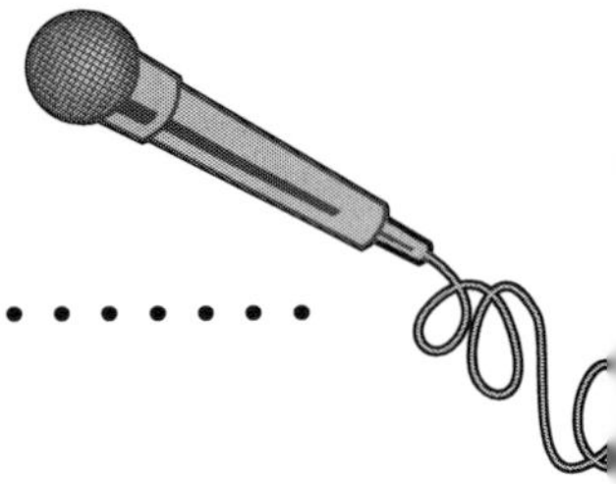

INTERVIEW MIT MARTIN BALTSCHEIT

i.3 »DIE FIGUR FUNKTIONIERT VON ALLEIN«

Martin Baltscheit über die Textidee zum »Löwen«, sein Lieblingsbild und gute Bilderbücher

Herr Baltscheit, wie kam es zur Idee zu dem Bilderbuch vom »Löwen, der nicht schreiben konnte«?

Das ist eine improvisierte Gute-Nacht-Geschichte für meine damals fünfjährige Tochter gewesen. Ich habe gesagt: »Es war einmal ein Löwe«, und meine Tochter hat gesagt: »... und der konnte nicht schreiben«. Den Rest habe ich dann dazu erfunden.

Wie verlief der Erarbeitungsprozess?

Nachdem die Geschichte am Bett zu Ende erzählt war, habe ich alles aufgeschrieben. Erst später habe ich versucht, die Geschichte einigen Verlagen anzubieten. Das hat aber überhaupt nicht geklappt. Acht Jahre hat es gedauert, bevor der Bajazzo-Verlag sich getraut hat. Davor gab es eine Reihe sehr, sagen wir mal, absurder Absagen. Die schönste ging so: Nein, man können die Geschichte nicht herausbringen, weil der Löwe ja der König der Tiere sei und der König könne auf jeden Fall lesen. Also sei die Grundvoraussetzung des Buches schon völlig falsch.

Vor dem Buch gab es dann erst einen Trickfilm für das Kinderfernsehen »Siebenstein«. Diese Bilder habe ich benutzt, um für Bajazzo ein Buch zu gestalten. Mittlerweile ist der »Löwe« ein Bestseller.

Was ist Ihre Lieblingsfigur des Buches?

Der Löwe natürlich.

Und Ihr liebstes Bild?

Den Mistkäfer habe ich sehr gerne gemalt.

Der Löwe will ja zuerst cool sein und keine Schwäche zugeben und schafft es erst durch die Hilfe der Löwin, sich mit ihr anzufreunden. Zufall?

Auf keinen Fall. Was am Ende in einem Buch steht ist niemals Zufall. Aber manchmal ist es doch so: Ein Autor erfindet eine Figur, und die funktioniert von allein! »Es war einmal ein Löwe ... und der konnte nicht schreiben.« Der Rest hat sich von selbst erzählt. Das aber ist ein Glücksfall und das Schöne beim Schreiben: Erfundene Figuren bewegen sich und leben und wenn sie etwas sagen, muss man oft selbst darüber lachen.

Hatten Sie auch einen anderen Schluss des Buches im Kopf?

Nein, der Löwe kriegt die Löwin, das war von Anfang an klar.

Ist es nicht auch ein Buch für Erwachsene?

Natürlich. Geschichten für Kinder sind immer auch Geschichten für Erwachsene. Das »Kind« lebt ja in jedem Erwachsenen weiter. Ich glaube, der Löwe ist deshalb so erfolgreich, weil er für Leser verschiedenen Alters funktioniert. Der Löwe als übergeordnete Königsfigur, der Schwächen zeigt (er ist ja eigentlich ein erwachsener Analphabet) und der es nur über Umwege schafft seiner Liebsten eine simple Botschaft zu übermitteln. Hilflosigkeit gibt es in jedem Alter und wütende Schrei-Anfälle wohl auch. Und noch etwas, Bilderbücher werden vorgelesen, von Erwachsenen, sie sind also eher Familienbücher. Kein schlimmeres Verbrechen als Bücher, die den erwachsenen Vorleser, also mich, langweilen. Deshalb versuche ich in meinen Geschichten immer auf verschiedenen Ebenen zu erzählen.

Gibt es weitere Bücher über den Löwen?

In »Gold für den Pinguin« hat er einen kurzen Auftritt und im »Wahlkampf der Tiere« wird er Demokrat.

Bekommen Sie Rückmeldungen, wie Ihr Buch vom »Löwen, der nicht schreiben konnte«, im Kindergarten oder in der Grundschule eingesetzt wird?

Ich bekomme regelmäßig Briefe von Schülern, für deren Beantwortung ich leider immer viel zu lange brauche. Es werden Trickfilme gemacht, Theaterstücke gespielt und vieles mehr. Was für ein Glück, ein Buch, das inspiriert. Gruß an meine Tochter, gut gemacht. Total lecker!

Welche Maltechniken oder Stile bevorzugen Sie? Wonach richtet sich Ihre Entscheidung?

Die Bilder für den Löwen-Trickfilm habe ich in Acryl gemalt, auf großen Blättern, ungefähr 80 Zentimeter auf 1 Meter. Die Bilder wurden gescannt, noch einmal überarbeitet und im Computer zu einem Buch zusammengebaut. Mittlerweile male ich nicht mehr, sondern zeichne in ein Skizzenbuch, tusche, scanne und mache die Farben am Computer. Den Wahlkampflöwen aber habe ich zusammen mit meiner Frau Christine gemacht, der ist dann wieder richtig gemalt!

Manche Bücher schreiben und illustrieren sie selbst, andere schreiben Sie nur, andere illustrieren Sie nur. Wie kommt es zur Entscheidung, dass Sie ein Bilderbuch ganz alleine gestalten?

Am Anfang habe ich alles alleine gemacht. Vielleicht weil ich zeigen wollte, was ich alles kann. Dann kamen Illustrations-Anfragen von meinem Freund Zoran Drvenkar. Seine Bücher zu illustrieren ist eine Ehre, die Texte sind außergewöhnlich und sehr eigen, für mich mit das Beste, was es bei uns zu lesen gibt. Was das Schreiben für andere Illustratoren anbelangt: Man gibt auch gerne mal ab, um zu sehen, wie die anderen das machen. Oft gewinnt ein Text. Bei Christoph Mett zum Beispiel oder Aljoscha Blau. Manchmal aber ist es auch schwierig, weil man als Illustrator einen sehr hohen Anspruch hat.

Was sollten Kinder vom Autoren Martin Baltscheit noch wissen?

Ein Geheimnis, das ich verraten kann, ist, dass all die Figuren, die in meinen Büchern auftauchen, tatsächlich bei mir zu Hause wohnen. Gleich nachdem ich sie erfunden habe, ziehen sie ein. Nur der kleine Herr Paul ist gleich wieder ausgezogen, es war ihm zu laut.

An welchem Projekt arbeiten Sie gerade? Worauf dürfen wir uns freuen?

Beim Boje-Verlag erscheint in Kürze eine neue Ausgabe der »Dschungelbücher« von Kipling, die ich illustrieren durfte. Das wird »Gutes Lesen«.

Herr Baltscheit, vielen Dank für das Gespräch.

Interview: Marc Böhmann, Juli 2008

ZUR HÖRSPIEL-CD

i.4

Zum Bilderbuch ist auch eine Hörspiel-CD erschienen, die die sehr ansprechend vertonte Geschichte enthält. Der Bilderbuch-Text (Sprecher: Martin Baltscheit) ist gegenüber dem Buch deutlich erweitert, vor allem mit weiteren wörtlichen Reden der Figuren. Darüber hinaus sind sechs Lieder (Musik: Sven Hamas) in die Geschichte eingebettet, die die Handlung ausgestalten.

»Eine handfeste, freche Geschichte voller Komik, die Fantasie und Leselust kleiner Zuhörer beflügelt. Und zudem ein HörMusikSpiel, das qualitativ hochwertigen, geistreichen und unbeschwerten Hörspaß bringt!«
Spielen und Lernen 9/2004

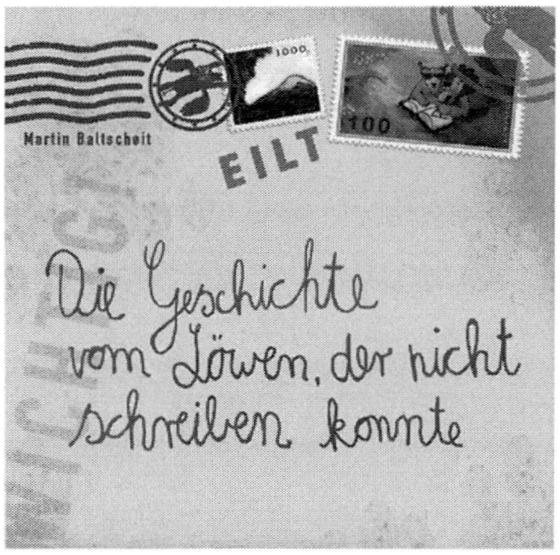

Martin Baltscheit: Die Geschichte vom Löwen, der nicht schreiben konnte. Hörspiel auf CD, Laufzeit 25 Min. Seefeld: uccello 2004

Lesehilfe

Die Lesehilfe hilft dir beim Finden der richtigen Seite oder Textstelle.
Sie kann auch beim Lesen verwendet werden, um nicht in der Zeile zu verrutschen.

Diese Lesehilfe gehört:

____

„Aber der Löwe konnte nicht schreiben“

1. Welche Wörter fehlen? Ergänze die Lücken mit den passenden Wörtern aus dem Kasten.

Das Bilderbuch, wurde von ________________ ____________________

gemalt und geschrieben.

Es geht um einen ____________________,

der eine ____________________ kennen lernen möchte.

Er denkt, dass er der Löwin zuerst einen ____________________ schreiben muss.

Leider kann er selbst aber nicht schreiben.

Deshalb befiehlt er nacheinander verschiedenen ____________________,

für ihn einen Brief zu schreiben.

Vorsicht: Ein Wort passt nicht in eine Lücke.
schreiben – Martin Baltscheit – Löwen – Tieren – Löwin – liest – Brief

2. Der Löwe kann nicht schreiben. Was kann er gut?

a) Lies auf Seite 2 nach und schreibe es auf.

Er kann ____________________ und ________________________.

b) Wie sieht der Löwe aus, wenn er das tut? Male ihn auf ein Blatt.

„Liebste Freundin“

1. Die Tiere schreiben verschiedene Briefe für den Löwen. Was schlagen sie der Löwin darin vor? Verbinde die Bilder.

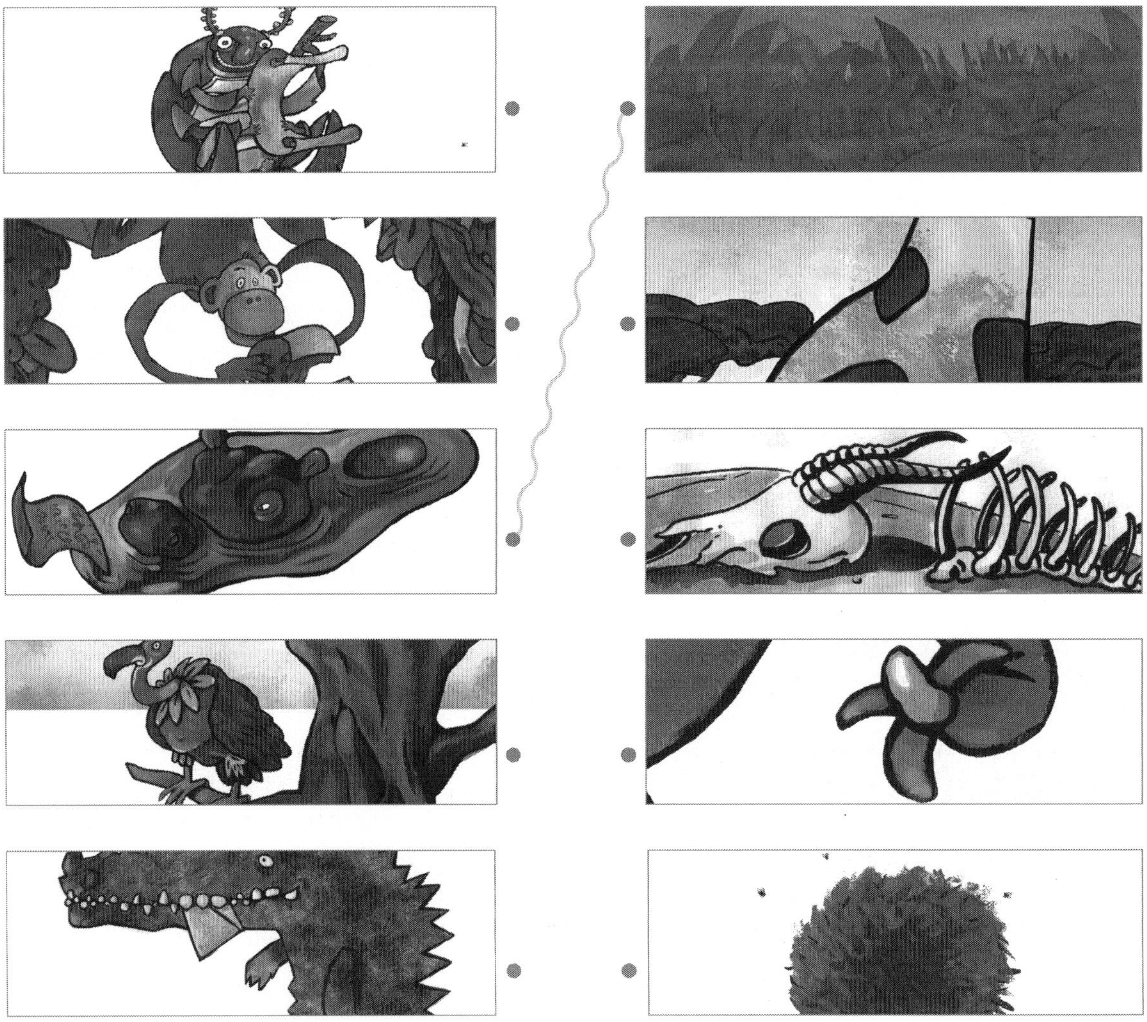

2. Schreibe Sätze zu den Bildern.

Beispiel: Das Nilpferd schlägt vor, nach Algen zu tauchen.

____

____

____

„Also ging er zu dem Affen …“

1. Findest du die Tiernamen in der Wörtersuppe? Kreise sie ein.

U	N	I	L	P	F	E	R	D
H	Ö	V	P	B	M	G	N	G
K	R	O	K	O	D	I	L	E
N	A	S	H	L	J	R	Ö	I
T	F	Z	E	B	R	A	W	E
M	I	S	T	K	Ä	F	E	R
L	Ö	W	I	N	S	F	D	Ä
R	A	S	A	F	F	E	A	B

2. In der Geschichte kommen viele Tiere vor.

a) Schreibe die Tiernamen unter das Bild.

b) Schneide die Bildkarten der gestrichelten Linie entlang aus.

c) Weißt du noch, in welcher Reihenfolge die Tiere genannt werden? Klebe die Bilder in der richtigen Reihenfolge in dein Heft oder Lesetagebuch.

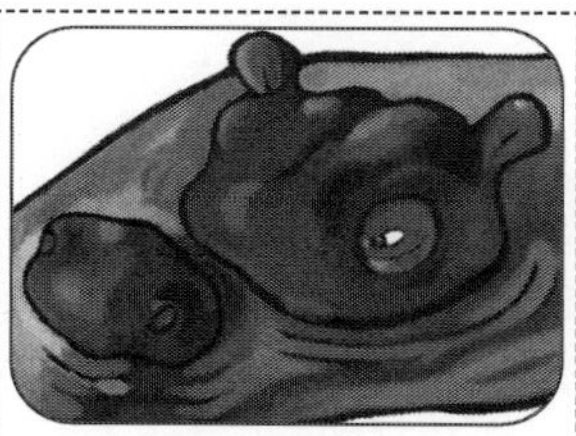

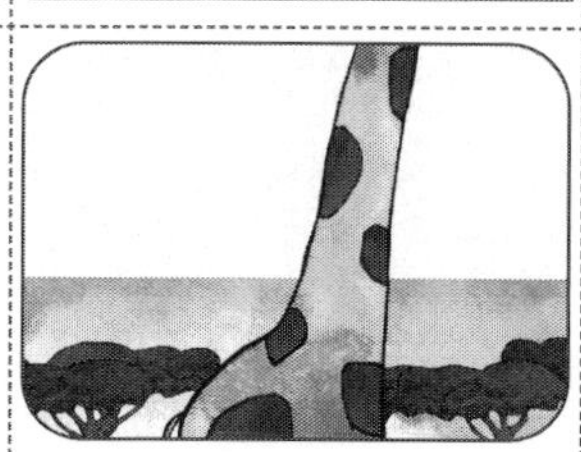

„Schreib du mir einen Brief“

1. Schreibe in die Sprechblase, was der Löwe auf Seite 16 sagt. Was fällt dir auf?

2. Stell dir vor, der Löwe hätte den Elefanten getroffen. Was für einen Brief hätte der vielleicht geschrieben?

Liebste Freundin,

Total lecker.

Gruß Löwe

3. Überlege dir noch andere Tiere, die einen Brief schreiben könnten. Was würden sie der Löwin vorschlagen zu unternehmen oder zu essen? Schreibe weitere Briefe in dein Heft oder dein Lesetagebuch.

HILFE
Spinne – Schlange – Moskito – Zebra – Antilope – frisches Tigerblut – fette Mäuse – saftiges Gras – großes Netz zum Klettern – Käfer

„Weil ich nicht schreiben kann“

1. Lies die Sätze. Bringe sie in die richtige Reihenfolge, indem du sie nummerierst.

Er brüllt, was er der Löwin alles schreiben würde, wenn er könnte. Seite ☐	Der Löwe wird sehr wütend. Seite ☐	Sie stupst ihn mit der Nase an und nimmt ihn mit. Seite ☐
Die Löwin hört ihn und der Löwe erzählt ihr traurig, dass er nicht schreiben kann. Seite ☐	Die Tiere schaffen es alle nicht, einen Brief zu schreiben, der dem Löwen gefällt. Seite ☐	Dann versuchen das Nilpferd, der Mistkäfer, die Giraffe, das Krokodil und der Geier, einen Brief zu schreiben. Seite ☐
Aber sein Brief gefällt dem Löwen nicht. Seite ☐	Zuerst geht er zum Affen. Seite ☐	Der Löwe lernt von ihr das Schreiben. Seite ☐

2. Findest du es wichtig, schreiben zu können? Sprecht in der Klasse darüber.

3. Wie war es, als du noch nicht schreiben konntest? Wolltest du einmal etwas aufschreiben und hast Hilfe gebraucht? Erzähle davon.

4. Der Löwe brüllt alles, was er der Löwin gerne sagen möchte. Kannst du es für ihn aufschreiben? Lies dazu noch einmal Seite 24 und 25.

Liebe Löwin,

du bist so ______________________________

Ich würde ______________________________

Ich möchte mit dir ______________________________

Dein Löwe

Viele schöne Bilder

1. Findest du das Bild, zu dem die Beschreibung passt? Schreibe die Seitenzahl in das Kästchen.

Der Löwe fliegt. Seite ☐	Der Mistkäfer schreibt einen Brief. Seite ☐	Die Zunge des Löwen sieht aus wie ein Blitz. Seite ☐
Der Löwe hält sich die Augen zu. Seite ☐	Die Löwin liegt alleine unter einem Baum. Seite ☐	Ein Fisch schaut den Löwen an. Seite ☐
Die Löwin und der Löwe liegen nebeneinander auf einer Wiese. Seite ☐	Der Löwe hält einen Brief und schaut nach oben. Seite ☐	Der Löwe ist grün-blau im Gesicht. Seite ☐

2. a) Wo kannst du diese Ausschnitte im Buch entdecken? Schreibe die Seitenzahl in das Kästchen.

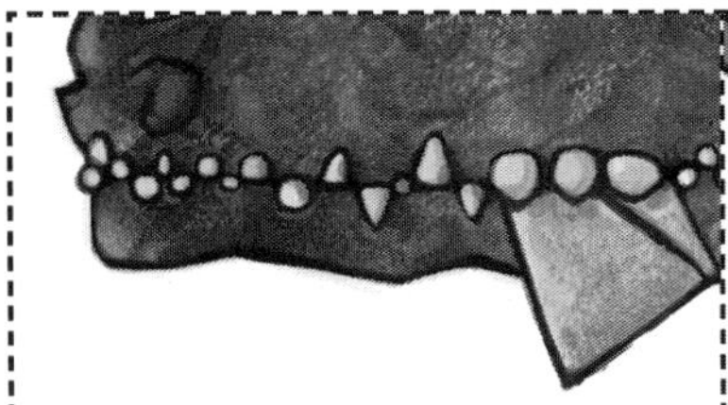

Seite ☐

Seite ☐

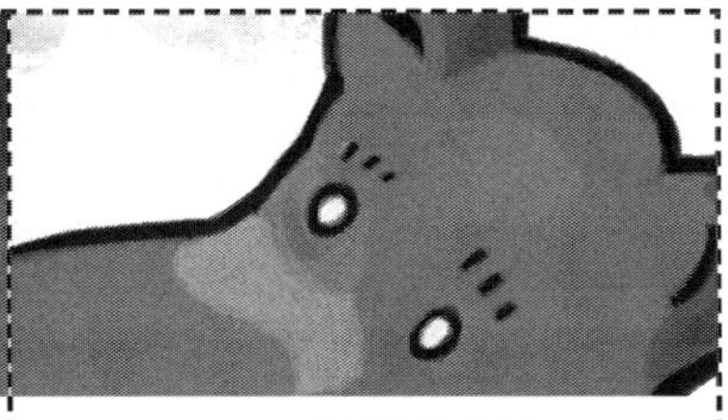

Seite ☐

Seite ☐

Seite ☐

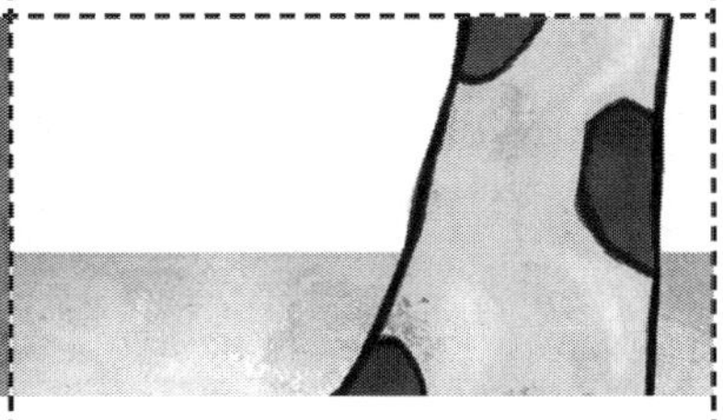

Seite ☐

b) Zeichne selbst einen Bildausschnitt auf ein Blatt. Können deine Mitschüler ihn im Buch wiederfinden?

„Superwütend“

1. Schau dir die verschiedenen Bilder vom Löwen an. Wie fühlt er sich? Suche passende Wörter und schreibe sie unter die Bilder.

_______________ _______________ _______________

_______________ _______________

Diese Wörter können dir helfen: traurig – wild – gemein – böse – entspannt – stolz – erschreckt – glücklich – machtlos – sanft – ratlos

2. Der Löwe ist die Hauptfigur des Bilderbuchs von Martin Baltscheit.

a) Was denkst du über den Löwen? Kreuze an.

Der Löwe ist …	sehr	ziemlich	mittel	ziemlich	sehr	
groß	☐	☐	☐	☐	☐	klein
hübsch	☐	☐	☐	☐	☐	hässlich
mächtig	☐	☐	☐	☐	☐	machtlos
ernst	☐	☐	☐	☐	☐	lustig
nett	☐	☐	☐	☐	☐	unfreundlich
oft so wie ich	☐	☐	☐	☐	☐	ganz anders als ich

b) Sprecht in der Klasse über eure Meinungen. Findest du eine Stelle in der Geschichte, die das zeigt?

„A wie Anfang“

Die Löwin bringt dem Löwen am Ende zuerst den Buchstaben A wie Anfang bei. Hier findest du das Abc. Vorsicht – manche Buchstaben fehlen. Kannst du sie ergänzen? Schreibe zu jedem Buchstaben ein passendes Wort, das dir gut gefällt.

A wie ____________________

B wie ____________________

C wie ____________________

___ wie ____________________

E wie ____________________

F wie ____________________

G wie ____________________

H wie ____________________

___ wie ____________________

J wie ____________________

___ wie ____________________

L wie ____________________

M wie ____________________

N wie ____________________

O wie ____________________

___ wie ____________________

Q wie ____________________

R wie ____________________

___ wie ____________________

T wie ____________________

U wie ____________________

V wie ____________________

W wie ____________________

X wie ____________________

Y wie ____________________

___ wie ____________________

A

Affe

Tipp

Du kannst auch ein Abc-Buch basteln. Schreibe auf die linke Seite groß den Buchstaben. Auf die rechte Seite kannst du ein Wort, das mit diesem Buchstaben beginnt, schreiben und ein Bild dazu malen. Vielleicht willst du auch viele Wörter sammeln? Oder ein Abc zu Pflanzen, Tieren oder Spielzeugen machen?